ガリレオ

執筆
　　フィリップ・スティール
翻訳
　　赤尾秀子
装丁
　　松吉太郎デザイン事務所

ビジュアル版 伝記シリーズ
ガリレオ

2009年7月20日　第1刷発行

発行者　工藤俊彰
発行所　BL出版株式会社
　　　　〒652-0846　神戸市兵庫区出在家町2丁目2-20
　　　　tel. 078-681-3111
　　　　http://www.blg.co.jp/blp

Japanese text © 2009 AKAO Hideko
NDC289 64p 26×19cm
Printed and bound in China　ISBN978-4-7764-0351-7 C8323

Galileo by Philip Steele
Edited and designed by Marshall Editions
Copyright © Marshall Editions 2005
All rights reserved.
The Japanese translation rights arranged with Marshall Editions
c/o Quarto Publishing through Japan UNI Agency, Inc. Tokyo

表　　紙◆ガリレオ・ガリレイ。オッタヴィオ・レオーニによる肖像画。
　　　　　Alinari/The Bridgeman Art Library/Biblioteca Marucelliana, Florence
前ページ◆ガリレオが月や惑星を観察した望遠鏡。
右ページ◆ガリレオの時代の典型的なイタリアの町並み（この絵はペルージャ）。
　　　　　イタリアはヨーロッパの交易の中心地として栄えた。

ガリレオ

――星空を「宇宙」に変えた科学者――

著=フィリップ・スティール　訳=赤尾秀子

BL出版

目　次

少年時代のガリレオ

科学者、生まれる	8
修道士になりたい	12
ガリレオの時代のイタリア	14
日々の暮らし	16

1

医学生から数学教師へ

医学生ガリレオ	22
数学教師ガリレオ	24
とんでもない新説	26
満天の星を見る	28
新しい家族	30
月と夜空の星ぼし、そして太陽	32

2

教会の裁き

古い考えと新しい考え	36
ガリレオをとりまく友と敵	40
異端審問	42

3

幽閉とその後

自宅監禁	48
ガリレオの宇宙といまの宇宙	50
新しい科学の対話	52
消えゆく光	54
ガリレオ以後	58
用語解説	60
参考文献／索引	62

4

少年時代のガリレオ

8　少年時代のガリレオ

科学者、生まれる

　1564年、寒さにふるえる冬も、そろそろ終わろうかというころ。北イタリアの人びとは、あたたかい春の日差しをいまかいまかと楽しみに待っていた。じきにアルノ渓谷にも若草がもえ、野の花ばなが咲きほこるだろう。そんななか、ジュリア・デリ・アマナーティは、ことのほかしあわせだった。2月15日、結婚してはじめての子が生まれたからだ。あかんぼうはいま、閉めきった窓の下、木の揺りかごですやすや眠っていた。

　男の子は、ガリレオと名づけられた。この名を決めたのは、ジュリアより18歳年上の夫、ヴィンチェンツィオ・ガリレイだ。ヴィンチェンツィオの一族は先祖をとても誇りにしていたから、そのひとり、ガリレオ・ブオナイウティにあやかってつけたのだ。

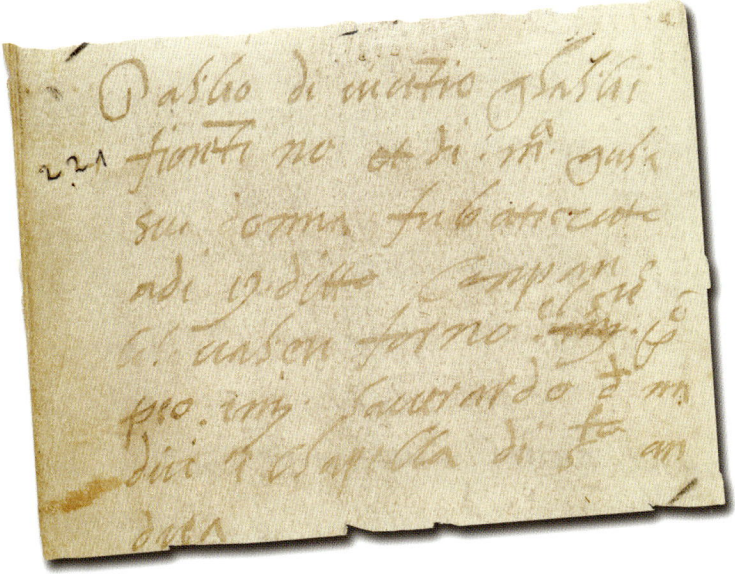

左◆ガリレオ・ガリレイが1564年2月に誕生したことを記したピサの書類。当時は3月を新年の始まりにすることもあったので、記録によっては1563年生まれになっている。

前ページ◆ガリレオはピサの近くで生まれた。この町は"斜塔"で有名で、塔は1173年から1360年にかけてつくられた。高さは55メートル。現在はおよそ10度の角度でかたむいている。

1543年
ニコラウス・コペルニクス、太陽と地球に関する新説（太陽中心説）を発表。

1564年2月15日
ガリレオ・ガリレイ、イタリアのピサ近郊で生まれる。

科学者、生まれる　9

ブドウの葉のかんむりをつけ、フルートを吹く少年。ガリレオの父は息子に、小さいころから音楽を教えた。

　ガリレオ・ブオナイウティは1400年代、フィレンツェで医者として名をはせた。一族はそれをたたえて、苗字を「ガリレイ」に変えたくらいだ（イタリア語では、"ガリレオ"を複数形にすると"ガリレイ"になる）。
　また当時は、長男が父方の苗字をファーストネームにするのもよくあることだった。
　家族はきっと、あかんぼうのガリレオも、名だたる医者になると思ったことだろう。
　ガリレイ家はさほど裕福ではなかったものの、地元では名士でとおっていた。もともとジュリアはペーシャの、ヴィンチェンツィオはフィレンツェの出身だったが、ガリレオが生まれたころはピサの郊外に住んでいた。トスカーナ地方の、アルノ川河口から10キロほど行ったところだ。

あかちゃんをくるむ

いまのように医学が発達していないころ、あかんぼうが生まれてまもなく死んでしまうのはめずらしくなかった。そこでぶじに育つよう、全身を布や帯できつくくるむのが習慣になっていた。こうすれば、手足がまっすぐになるし、寒さからも守れる。

1564年2月18日
イタリアの画家ミケランジェロ、フィレンツェで亡くなる。

1564年4月23日
ウィリアム・シェイクスピア、イギリスで生まれる。

10 少年時代のガリレオ

　ガリレオ・ガリレイが生まれた土地は、とても美しかった。かつてのピサは富み栄えた都市だったから、川べには邸宅がならんで、すばらしい広場もある。大聖堂は500年の歴史を誇り、1338年には大学もつくられた。

　けれどガリレオが少年になるころには、アルノ川は泥が多くて船が行き来しづらく、ピサに住む人も半分ほどに減ってしまった。

　ガリレオ家からは、よく音楽が聞こえてきた。ガリレオの父ヴィンチェンツィオがリュートの演奏家だったからだ。リュートは当時のヨーロッパでとても人気をはくした弦楽器で、リュート奏者は宮廷でもひっぱりだこだった。

　父はまた、歌手として、音楽教師としても活躍していた。さらに、音楽理論と音響学に関心があり、弦はどうやって音をだすのか、みずから実験を重ねて研究した。

　父は息子にリュートの弾き方を教え、ガリレオも生涯、リュートを手ばなすことがなかった。

リュート（左）その他の楽器による合奏風景。リュートは演奏会だけでなく、家庭でも楽しまれた。

1569年
フィレンツェ公だったメディチ家のコジモ1世、トスカーナ大公になる。

1572年
ガリレオの両親、フィレンツェにひっこす。ガリレオはピサにとどまる。

ピサの斜塔

世界的に有名な塔の建設が始まったのは、1173年だ。とても美しい鐘楼だが、残念なことに、砂の上に建てられた。そのせいで、完成するまえからかたむきはじめ、その後もかたむきつづけている。

ガリレオは、父の研究も手伝った。そうやっていっしょに音楽の実験をくりかえすうち、科学への関心が芽ばえ、大きくなっていったのだろう。

1572年、ガリレオが8歳のとき、両親はフィレンツェにひっこした。ただし、ガリレオは父と母が新しい土地でおちつくまで、ピサにいる母方の親戚、ムツィオ・テダルディ家にあずけられた。それから2年後、10歳になってから、ガリレオも両親といっしょにフィレンツェで暮らすようになる。

父はフィレンツェで、いそがしい毎日を送った。音楽に対する考え方では、なにかと疑問を投げかけるたちだったから、しょっちゅう口論したり、手紙を書いたり、熱く議論したりした。息子のガリレオも成長するにつれ、この父とそっくりになっていく。

父と友人たちは古代ギリシアの音楽と劇を研究し、このふたつを組み合わせようとした。それが新しい音楽の分野、"オペラ"の誕生へとつながる。

ガリレオ少年はいろんなことをして遊んだにちがいない。右の絵では、町の広場でサッカーの試合がおこなわれ、それを住民が観戦している。

1573年5月8日
ガリレオの妹、ヴィルジニア生まれる。

1574年
ガリレオ、トスカーナ地方を旅して、フィレンツェの両親のもとへ行く。

修道士になりたい

ガリレオに、きょうだいができた。1570年代になってから、男の子ふたりと女の子3人（4人かもしれない）が生まれたのだ。家のなかで流れる音楽が、あかんぼうの泣き声にじゃまされることもしょっちゅうだった。ただ、そのうち3人は早くに亡くなってしまう。当時はそれも、とくにめずらしいことではなかった。

フィレンツェの新しい家で、ガリレオは家庭教師から勉強を教わった。その後、もうじき13歳になるというころ、ヴァロンブローサの修道院学校に入学する。フィレンツェから東南へ30キロほどいった森のなかの学校で、とりわけ暑い夏、都会の人ごみから逃れるにはうってつけの場所だった。

1574年、10歳のガリレオがフィレンツェの町並みをはじめて見たとき、そこには大聖堂のドームがそびえていたにちがいない。サンタ・マリア・デル・フィオーレ大聖堂は、たんに"ドゥオーモ（イタリア語で「大聖堂」の意味）"ともよばれる。

1575年12月18日
ガリレオの弟、ミケランジェロ生まれる。

1576年
デンマークの天文学者ティコ・ブラーエ、天文台をつくる。

ガリレオが勉強したヴァロンブローサの修道院。南ヨーロッパでは、ローマ・カトリック教会が、子どもたちの教育でも重要な役割をはたした。

ガリレオは祈りや儀式、授業など、学校のきびしい日課を楽しんでこなした。大きくなったら修道士になりたい、とさえ思った。父はしかし、眉をひそめた。ガリレオ家としては、いずれは子どもたちの収入にたよりたかったのだろう。修道士では、そんな収入が得られるはずもない。

そこで父は、ヴァロンブローサの修道士に、息子は目が悪いので治療しなくてはいけないからと説明し、ガリレオをフィレンツェの町の学校へ転校させた。そこもおなじように修道院の学校だったが、ガリレオはまわりの人たちから、修道士になる夢は忘れなさいと、ずいぶんさとされた。

ガリレオは頭のいい子だった。学校の勉強がよくできるだけでなく、身近なものがどんなふうに動いているのか、そのしくみを見つけたり、工作をしたり、新しいものを発明したり、ときには絵をかくこともあった。

ガリレオは、とりまく世界を自分だけの、独特の見方でながめているようだった。

語学の勉強

ガリレオはラテン語とギリシア語を教わった。そのころのヨーロッパでは、学問を学び、研究するときは、まだラテン語が使われていたのだ。後年、ガリレオは母国語のイタリア語でも文章を書いた。

1576年
ガリレオ、ヴァロンブローサの修道院学校に入学。

1576年
画家ティツィアーノ、ヴェネツィアで亡くなる。

ガリレオの時代のイタリア

　現代のイタリアはひとつの国家だが、ガリレオの時代は小さな都市国家の集まりだった。そのひとつがフィレンツェを中心とするもので、フィレンツェはガリレオの生誕地ピサを、その後はシエーナを領土とした（それぞれ1509年、1555年）。1569年には、フィレンツェ公だったメディチ家のコジモ1世がトスカーナ大公となる。ヴェネツィア共和国はイタリア北東部からアドリア海沿岸地域一帯を支配下においた。ローマでは、いうまでもなく教皇がカトリック教会の長だったが、それはヨーロッパで絶大な権力をもつ君主のひとりということでもあった。

下◆フィレンツェの支配者、コジモ1世の一行がシエーナの町に入るところ。ガリレオが生まれる3年まえの1561年に描かれた絵画。

右◆メディチ家のコジモ1世は1537年にフィレンツェ公に、69年にトスカーナ大公になった。その後はフェルディナンド1世(1587年〜)、コジモ2世(1609年〜)とつづく。

日々の暮らし

フィレンツェは、活気あふれる大きな町だった。はなやかで美しいキリスト教会があちこちにあって、町じゅうに鐘の音がひびきわたる。裕福な人びとの豪邸もあり、ヴェッキオ宮殿は役所になっていた。そんな町並みの上空にひときわそびえるのが、サンタ・マリア・デル・フィオーレ大聖堂の丸天井だ。

ロバ、くるんだ荷物、使用人、商人、ご婦人にお手伝いの女性――。ガリレオが子どものころ、町の通りはこんなふうににぎやかだったにちがいない。

ガリレオ少年は毎朝、木のたんすから、毛織りの半ズボンと質素なリンネルのシャツをとりだして着ていたはずだ。

1580年代だから、ガリレオの父は外出するとき、つばの広い帽子をかぶり、長いケープをまとったことだろう。その下は、襟と袖口がリンネルのチュニックに、膝のところですぼんだ、だぶだぶのズボン。そしてストッキングに、靴か乗馬ブーツをはく。

フィレンツェ公の宮廷にいる若い女性は、かかとの高い靴をはき、足もとまで

1577年
のちにエル・グレコという名で知られる画家が、ヴェネツィアをたち、スペインへ向かう。

1578年10月7日
ガリレオの妹リヴィア、フィレンツェで生まれる。

日々の暮らし　17

かくれる長いスカートを着た。首のまわりには、レースでつくった襟（ひだ襟）をつけ、袖もきれいに飾る。頭飾りは、真珠をあみこんだ美しいネットだ。

もちろん、ガリレオの母は、これよりもっと地味なドレスを着て、襟もひかえめだっただろう。

毎日せっせと働く庶民の男たちは、粗いリンネル・シャツの袖をまくりあげ、ストッキングも膝までだ。重いものを運んだり、槌を打ったり、のこぎりをひくときは、長めのエプロンをつける。

いっぽう、召使いの女たちは、糸つむぎから仕立てまで、すべてお手製の服を着た。その上にリンネルのエプロンをつけて、帽子をかぶる。

粗末な服を着た農民が、ひまつぶしにモーラをしている。モーラは、いまでいうジャンケンだ。

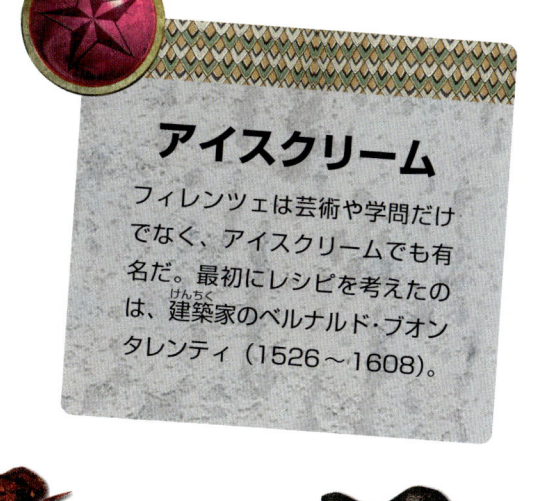

アイスクリーム

フィレンツェは芸術や学問だけでなく、アイスクリームでも有名だ。最初にレシピを考えたのは、建築家のベルナルド・ブオンタレンティ（1526〜1608）。

1578年

ウィリアム・ハーヴェー、生まれる。ハーヴェーはのちに、血液がどのように体内をめぐるか、新しい説（血液循環説）を発表。

18　少年時代のガリレオ

　夕食といえば、たいていはチキンかソーセージを使った料理だ。でなければ、ツグミのような小さな鳥の肉か、魚、カモ、森でつかまえた野うさぎやイノシシの肉。もっとつましい食事なら、スープにロールパン、チーズ、くるみ、洋ナシかブドウといったところだろう。飲み物は井戸からくんだ冷たい水か、地元の赤ワインだ。料理をあまくするときにはハチミツを使い、香辛料も――ガリレイ家のように、買えるくらいの余裕があれば――よく使われた。

　フィレンツェの町には大きな倉庫や商店がたちならび、大声をあげて売りこむ露店商もいた。衣類や帽子、靴、肉、パンが売られ、仕立て屋に宝石屋、陶工、建具屋、鍛冶屋が軒をつらねる。

　ガリレオの時代、フィレンツェは独自の貨幣も発行していた。フィレンツェとトスカーナ地方を治めていたメディチ家は、そもそも銀行業で財をなしたのだ。

　ではガリレオは、どんな将来を期待されていたのだろう？

フィレンツェのすぐ南にあるインプルネータは、陶器の町、巡礼の町として有名だ。毎年、聖ルカの祝日（10月18日）には市がひらかれる。

1579年
ネーデルラントでオランダ共和国が建国される。

1580年
スペイン、ポルトガルを併合する。

日々の暮らし　19

おなかをすかせた男が夕食を楽しんでいる。テーブルには豆、パン、ネギ、肉、赤ワイン。

　母は実家が織物をあつかう商人だったから、自分の息子も商売で身をたてると思っていたかもしれない。しかし父は、長男を医者にさせたかった。その名をついだ、ガリレオ・ブオナイウティとおなじ道をあゆむのだ。それに医者なら、とても収入がよい。

　当時は人のからだのしくみについて、それがどんな働きをするかについて、ようやくわかりかけてきたころだった。とはいっても、細菌をはじめとする病気の原因については、さっぱりわからない。薬種屋が売る薬のなかには、ききめがあるどころか、むしろからだによくないものがたくさんあった。そして富める者も貧しい者も、老人も若者も、ペストにかかることをいちばん恐れた。どうやって感染するのかさえ、見当もつかないのだ。実際は、ネズミのノミが人から人へ病気をうつしていくのだが、そのころのイタリアの町には、そこかしこにネズミがいた。

　そんなふうだから、ペストの流行をまぬがれると、人びとは教会で神に感謝し、祝日には市をたてて、祈りの歌をうたいながら行進した。

外国の食べもの

ヨーロッパの人びとが、"新世界"アメリカを知ったのは1492年だ。その後、1500〜1600年代のヨーロッパには、そんな新世界から目新しい食べものがもちこまれるようになった。なかでもイタリア人がたいへん気にいったのが、トマトだ。

1580年
パラディオとして知られる建築家アンドレア・ディ・ピエトロ、ヴェネツィアで亡くなる。

医学生から数学教師へ

22　医学生から数学教師へ

医学生ガリレオ

1581年の晩夏、17歳になったガリレオは大学で勉強するため、子どものころに暮らしたピサの家に移った。それから4年、ガリレオは親戚といっしょにピサで生活し、夏の休みのあいだだけ、フィレンツェの家族のもとに帰った。

ヨーロッパ各地から、若者たちがイタリアへ学問をしにやってきた。ガリレオもピサ大学で異国の青年と知り合い、夜どおしカード遊びをしたり、信仰や科学について議論したり、刺激に満ちた毎日をすごしたことだろう。

ガリレオは父の期待どおりに、医学の道を選んだ。そして人のからだや病気について、当時の定説はなんでも勉強した。が、その多くは科学とはほど遠い。父とおなじくガリレオも、ほかの人ならうのみにすることがらに対してさえ、疑問を投げかけた。

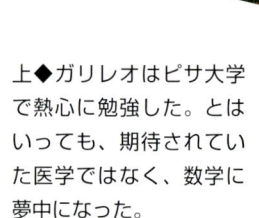

上◆ガリレオはピサ大学で熱心に勉強した。とはいっても、期待されていた医学ではなく、数学に夢中になった。

前ページ◆40歳のころのガリレオ（版画）。

1582年秋
ガリレオ、医学の勉強をするため、ピサ大学に入学する。

1582年
教皇グレゴリウス13世、新しい暦を制定（グレゴリオ暦）。復活祭が本来の時期におこなわれるよう、1582年は10日間少なくなった。

医学生ガリレオ

> 「哲学は、宇宙という大著のなかに記され、
> この書物はつねに、わたしたちの目の前に開かれている。
> しかし、内容を理解するにはまず、
> 書かれた言語を学び、文字を読めなくてはいけない。
> この本は、数学という言語で書かれている……」
>
> ——ガリレオ［数学を学ぶことの大切さについて］——

　しかし、ガリレオがいちばん興味をもったのは、医学ではなく数学だった。大学に入って2年め、ガリレオは幾何学という、図形と空間をあつかう数学の講座を聞きにいってみた。それは宮廷の講座で、教師はオスティリオ・リッチという、トスカーナ大公つきの首席数学者だ。

　この講義が、ガリレオに火をつけた。夢中になって数学を勉強しはじめ、リッチとも議論する。ガリレオはふつうの学生とはまったくちがう——。リッチがそれに気づくのに、時間はかからなかった。

　1583年の夏、リッチはフィレンツェのガリレイ家をたずねると、父のヴィンチェンツィオに、ガリレオには医学でなく数学を勉強させるほうがよいと話した。父はしかし、首をたてにはふらなかった。

　1585年、ガリレオは医学の学位をとらないまま、大学をあとにする。

うるさい男

ガリレオはピサ大学に入学するとまもなく、有名になった。あだなは"やかまし屋"だ（イタリア語で「コンテンディトーレ」）。なにかにつけて議論をふっかけ、反論するからだ。ガリレオは一生をつうじて、"やかまし屋"だった。

1583年夏
数学者のオスティリオ・リッチ、フィレンツェのガリレイ家を訪問する。

1585年
ガリレオ、医学の学位をとらずに、ピサ大学を去る。

24　医学生から数学教師へ

数学教師ガリレオ

ガリレオはフィレンツェの家族のもとに帰ると、数学の知識をいかして父の音楽実験を手伝いつつ、なおいっそう数学の勉強にはげんだ。そのかたわら、収入を得るために、フィレンツェとシエーナで数学を教える。また、幾何学の講座をひらいたり、はじめての著書も出版したりした。

1588年、ガリレオはボローニャ大学の教師になろうとしたが、うまくいかなかった。それでもガリレオの才能は地位の高い人たちの注目を集めはじめ、そのひとりが貴族のグイードバルド・デル・モンテだった。デル・モンテは大学で、物体がどのように動くか（力学）を学び、のちにガリレオの親しい友人となる。

シエーナの中心地をねり歩く行列。ガリレオは教えることが好きで、講義の評判もよかった。

1585年
ガリレオ、フィレンツェにもどって数学を教える。

1587年
ガリレオ、ローマにあるイエズス会の学校（コレージョ・ロマーノ）を訪問する。

数学教師ガリレオ

ボローニャ大学の教授と学生を描いた彫刻。ガリレオは大学の古くさい規則にうんざりすることがあり、教授らしくローブを着るのもいやがった。

もうひとり、クリストファー・クラヴィウスという聖職者も、なにかとガリレオの力になってくれた。すぐれた数学者だったクラヴィウスは、イエズス会（カトリック教会の修道会）に属していたから、ガリレオは1587年、ローマまで旅をした。ローマには、イエズス会のすばらしい学校があったからだ。クラヴィウスとガリレオは長年にわたり、手紙のやりとりをつづけた。

1589年、ガリレオはピサ大学の数学教授になった。給料はさしてよくないが、ほかの教師とのつきあいは楽しい。ガリレオは科学だけでなく、絵画や詩、音楽など、いろいろな知識を身につけたかったのだ。

1591年、父のヴィンチェンツィオが71歳でこの世を去り、フィレンツェのサンタ・クローチェ教会に埋葬された。

ガリレオは、将来について真剣に考えはじめた。父亡きあとは長男として、家族を養わなくてはいけない……。

初日のつまずき

ガリレオは大学教師として、なんとも不運なスタートをきった。講義の初日、アルノ川が氾濫して大学へ行けなかったのだ。ガリレオの責任ではないというのに、大学は給料を減らした。

1588年
ガリレオ、ボローニャ大学に職を得ようとするも、かなわず。

1589年
ガリレオ、数学の教授としてピサ大学にもどる。

とんでもない新説

1592年、ガリレオは新しい職を見つけた。給料も、まえと比べてずいぶんよい。ガリレオは、パドヴァ大学（ヴェネツィア共和国）の数学教授になったのだ。パドヴァで幾何学を教える日々は、とても満ちたりたものだった。ところが、ほかの教授たちはガリレオのことを、強引な男、とんでもない新説を思いつく男だとみなした。

16世紀の革の財布。
ガリレオのパドヴァ大学での給料は、ピサ大学時代の3倍になった。少しでも多くの収入を得ようとしたガリレオだが、自分自身はお金に執着せず、ほとんどを家族のために使った。

ピサにいるころから、ガリレオは"物体の落下"に興味をもつようになった。そしてどんな物体も、おなじ速度で地面に落ちていくと確信する。当時はしかし、重い物のほうが速く落ちると考えるのがふつうだった。つまり、ギリシアのアリストテレスがはるか古代にとなえた説を、疑いもせずに信じていたのだ。もちろん現代では、ガリレオのほうが正しいとわかっている。

たしかに、羽根はボールよりゆっくりと落ちていく。しかし、形がおなじなら、重いものも軽いものも、同時に床に落ちるのだ。ガリレオはこれを証明するため、ピサの斜塔の上から、重さの異なる鉄の玉を落としたという。

1591年
ガリレオの父、音楽家のヴィンチェンツィオ・ガリレイ、フィレンツェで亡くなる。

1592年
ガリレオ、パドヴァ大学の数学教授になる。

ガリレオがほんとうにそんな実験をしたかどうかは、はっきりしていない。それでも1612年には、ガリレオの説にはげしく反対する教授たちが実験をおこない、結果がはっきりしたにもかかわらず、その後もガリレオの説をみとめようとはしなかった。

1595年ごろから、ガリレオは地球の動きや潮の満ち引き、惑星や太陽といった天体に関心をもつようになり、ポーランドの天文学者ニコラウス・コペルニクスの説について考えはじめた。

比例コンパス

ガリレオは発明好きで、1597年には「幾何学・軍事用コンパス（比例コンパス）」という、とても便利な道具をつくった。種々の目盛りがふられた2本の定規をつないだもので、測量をはじめ火薬の量や、面積・体積、お金の換算まで、さまざまな計算がかんたんにできた。

コペルニクスは50年以上もまえに、地球は宇宙の中心ではない、地球は太陽のまわりをまわっている、といったのだ（太陽中心説／地動説）。

いっぽう、デンマークの天文学者ティコ・ブラーエは、そう考えなかった。

そんななか、ヨハネス・ケプラーというドイツの天文学者が、コペルニクスは正しいとする本を書きあげる。

1597年、ガリレオはケプラーに手紙を送り、自分もおなじ考えである、と伝えた。

パドヴァ大学（右の絵）は、ヨーロッパでも指おりの由緒ある大学だ。コペルニクスはここで医学を学んでいる（1501〜03年）。

1597年
ガリレオ、幾何学・軍事用コンパス（比例コンパス）をつくる。

1597年
ガリレオ、ケプラーに手紙を送り、地動説を支持すると伝える。

満天の星を見る

　中世には、レンズが発明された。レンズは表面がカーブしたガラスで、物を大きくして見ることができる。最初のうちは拡大鏡として使われ、その後、片メガネが誕生した。さらにオランダのガラス職人たちが、遠方にある物が近くに見えるよう、2枚のレンズを組み合わせた実験をする。

　そして1608年10月、オランダのハンス・リッペルスハイが、筒に2枚のレンズを入れて、遠くの物がいかに近くに見えるかを実演してみせた。これはペルスピチッルム（望遠鏡）とよばれ、たちまちヨーロッパじゅうで評判になった。

　翌年の夏、ガリレオはヴェネツィアでその噂を耳にすると、すぐに自分で試作にとりかかった。まずは質のよいガラスを使ったレンズの研磨から学ぶ。そうしてできあがった望遠鏡は、倍率が3倍から20倍以上にまで改良されていた。

　ヴェネツィア政府はこれを喜び、ガリレオにじつに大きなほうびをあたえた。政府は望遠鏡が、航海や戦争に役立つと考えたのだ。

　しかしガリレオには、べつの思いがあった——この望遠鏡で、夜空の星を見てみたい。

左◆ガリレオが望遠鏡をつくったおかげで、月や惑星などの天体をくっきり見ることができるようになった。

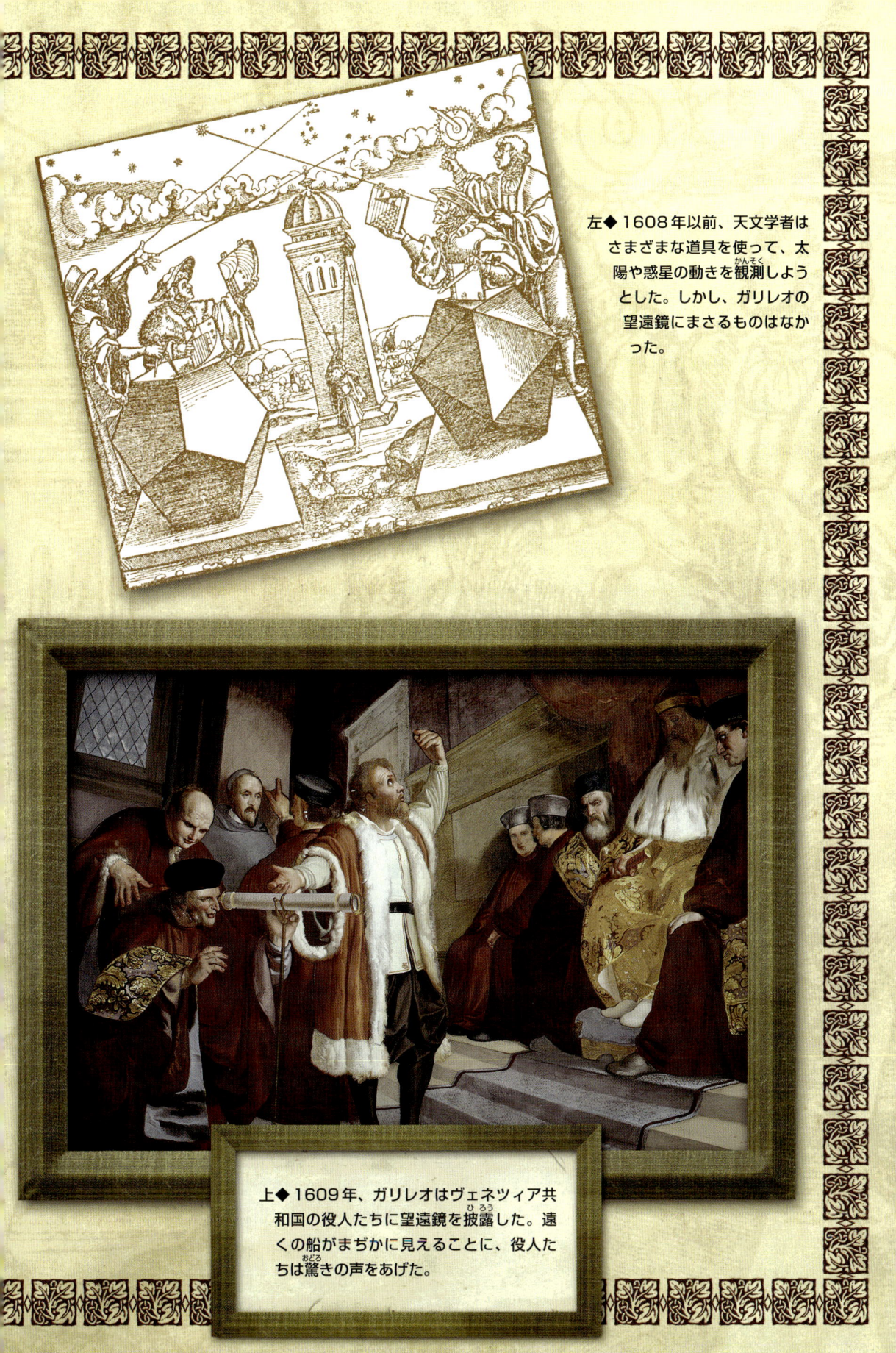

左◆1608年以前、天文学者はさまざまな道具を使って、太陽や惑星の動きを観測しようとした。しかし、ガリレオの望遠鏡にまさるものはなかった。

上◆1609年、ガリレオはヴェネツィア共和国の役人たちに望遠鏡を披露した。遠くの船がまぢかに見えることに、役人たちは驚きの声をあげた。

30　医学生から数学教師へ

新しい家族

ガリレオはちょくちょくヴェネツィアまで遊びに出かけた。共和国の首都ヴェネツィアは美しい大都会で、運河がたくさんあり、どこへ行くにも船にのる。そしてマリーナ・ガンバに出会ったのも、ヴェネツィアだった。マリーナはガリレオより14歳年下の、とても魅力的な女性だった。

ガリレオは娘のヴィルジニアをとてもかわいがった。ヴィルジニアはマリア・チェレステという名で修道女になったが、父と子はひんぱんに手紙をやりとりし、それは生涯にわたってつづいた。ヴィルジニアは音楽が大好きな、かしこい娘だった。

1600年、マリーナのおなかにはガリレオの子がいたので、マリーナはガリレオの近くに住もうと、ヴェネツィアからパドヴァへひっこしてきた。8月13日、マリーナは最初の子を産み、女の子はヴィルジニアと名づけられる。あくる年には次女のリヴィアが誕生。1606年に生まれた長男は、ガリレオの父の名をついで、ヴィンチェンツィオと命名された。

ガリレオとマリーナは家柄がちがったので、正式には結婚せずに、べつべつに暮らした。ガリレオはヴィニャーリ通りにある教授にふさわしい家、マリーナはポンテ・コルヴォの小さな家だ。それでもふたりは仲がよく、しあわせだった。ただし、ガリレオの母ジュリアはマリーナを気にいらなかった。

1600年
マリーナ・ガンバ、ガリレオの最初の娘ヴィルジニアを出産。

1601年
ガリレオとマリーナの次女、リヴィアが生まれる。

修道院の暮らしはとてもきびしいが、ペストなど、修道院の外の世界で起きるさまざまな災いからは守られた。ガリレオの弟ミケランジェロは、ドイツでペストにかかり、命をおとしている（1631年）。

1609年、その母がヴィルジニアをフィレンツェに連れて帰り、翌年にはガリレオが次女のリヴィアといっしょにフィレンツェへひっこした。まだおさないヴィンチェンツィオはマリーナのもとに残ったが、ガリレオは息子のために仕送りをつづける。といっても、マリーナはガリレオがパドヴァをはなれてまもなく、ジョヴァンニ・バルトルッツィと結婚した。バルトルッツィは、望遠鏡のレンズになるガラスを調達してくれた人物だ。質のよいガラスは、ヴェネツィアン・ガラスで有名なムラーノ島のものだった。

両親が正式な夫婦でない場合、娘が修道女になるのはよくあることで、1613年、ガリレオの娘たちも少女のうちから、フィレンツェの町に近いアルチェトリのサン・マッテーオ修道院で暮らしはじめる。

1616年10月、ヴィルジニアは修道女としてマリア・チェレステを名のり、1年後、リヴィアは修道女アルカンジェラになった。

修道女の暮らし

ガリレオのふたりの娘は修道女として、いっさいのぜいたくをゆるされなかった。粗末な茶色の服を着て、黒いベールをかぶり、祈りをささげたり、掃除や修繕、縫いもの、薬草畑の手入れをしたりして、一日が終わる。とてもきびしい毎日だったので、妹のリヴィアはふさぎこむことが多かった。

1605年
ガリレオ、トスカーナ大公の王子コジモ（メディチ家）の家庭教師になる。

1606年
ガリレオとマリーナの長男、ヴィンチェンツィオ生まれる。

32　医学生から数学教師へ

月と夜空の星ぼし、そして太陽

1609年、ガリレオが個人教授をしたメディチ家の王子コジモが、トスカーナ大公コジモ2世になった。その年の11月、ガリレオははじめて望遠鏡で月を見る。そして予想もしなかった山々や窪地（クレーター）が月にあることを発見した。当時はだれもが、月の表面はなめらかだと思いこんでいたのだ。

1610年1月、ガリレオは望遠鏡で木星をながめ、そこに4つの月（衛星）を発見した。ガリレオはそれをコジモ2世にちなんで「メディチ星」と名づける。また、夜空を美しく流れる天の川は、数えきれないほどたくさんの星からなっていることもつきとめた。

さらに土星を観察してみると、近くになにやらふしぎな、ふくらんだ耳のようなものが見えた。ただ、ガリレオの望遠鏡では、それが土星をかこむ環であることまではわからなかった。

この年、ガリレオは新しいトスカーナ大公つきの首席数学者／哲学者に任命される。くわえて、ピサ大学の首席数学者にもなったが、こちらは講義をしなくてもいい名誉職だ。そこで9月、ガリレオはパドヴァをはなれ、フ

ガリレオは望遠鏡や、望遠鏡を使って発見したことを『星界の報告』という本にまとめた（1610年3月、ヴェネツィアで出版）。

1609年
ガリレオが個人教授をしたコジモ2世、トスカーナ大公になる。

1609年
ガリレオ、月面にクレーターと山を観察する。

月と夜空の星ぼし、そして太陽　33

ィレンツェで家を借りることにした。夜空の観察にはうってつけの屋根がある家だ。

　ガリレオはつぎに金星の観察にとりかかった。すると、地球の月に満月や三日月があるように、金星にも満ち欠けがあることがわかった。いいかえると、金星は太陽のまわりをまわっているのだ。ガリレオはこの発見で、コペルニクスの説は正しいと、ますます確信するようになる。金星が太陽のまわりをまわっているなら、地球もおなじではないか？

　1611年、ガリレオは誇らしい思いでローマをおとずれた。ヨーロッパ初の国際的な科学団体、アッカデミア・デイ・リンチェイの会員に選ばれたのだ。

　翌年の1612年には、6歳になった息子ヴィンチェンツィオがパドヴァからやってきて、父と子はフィレンツェでいっしょに暮らしはじめた。この年、ガリレオは太陽の黒点を発見し、観測をつづける。黒点というのは、太陽の表面にあらわれたり消えたりする、まわりより温度の低い黒い点だ。現在では、太陽の磁場が原因だと考えられている。

ガリレオは月や惑星について、観察したことをもらさずノートに記した。望遠鏡で見た形もていねいに描かれている。

「12月と1月の約2か月のあいだに、彼［ガリレオ］はそれ以前にも以後にも例がないほどたくさんの世界を変える発見をした」
——ノエル・M. スワードロー、1998年——

1610年
ガリレオ、木星の4つの衛星をはじめ、望遠鏡でつぎつぎ大きな発見をする。

1610年
ガリレオ、トスカーナ宮廷の数学者となり、フィレンツェにひっこす。

教会の裁き

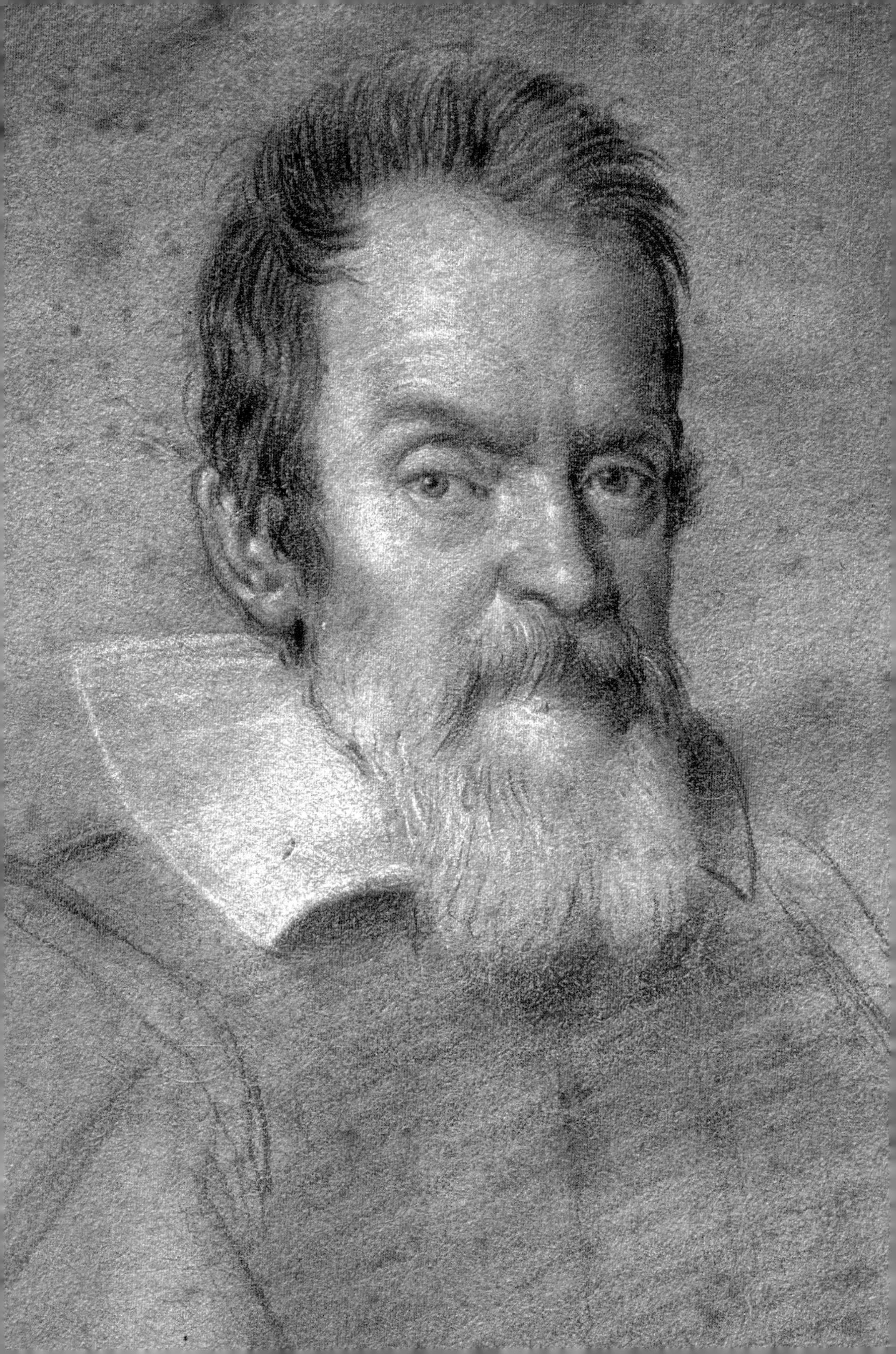

36　教会の裁き

古い考えと新しい考え

　ガリレオはだれとでも親しくなれる、気さくな人柄だった。が、いっぽうで敵も生まれた。なかにはガリレオの出世や名声をねたむ者もいたが、ガリレオを嫌う者の多くは哲学者だった。ガリレオが体験を重視し、自分の目で見たものしか信じなかったからだ。宇宙がどういうものか、哲学者たちはこれまでどおりの考え方にしたがうべきだと考えていた。

　宇宙はどんなふうに動いているのだろう？　千年以上ものあいだ、人びとはアリストテレス（紀元前322年没）やプトレマイオス（紀元170年ごろ没）の考えを信じてきた。万物の中心は地球であり、太陽や月は地球を中心に動いているという考え方だ。もちろんキリスト教会も、そう信じていた。神が創造したもっとも大切なものが地球であるなら、地球は万物の中心でなくてはいけないのだ。

上◆ポーランドの天文学者ニコラウス・コペルニクスの理論は、70年近くにわたるはげしい論争をまきおこした。そしてガリレオの発見が、その議論を再燃させた。

前ページ◆60歳のころのガリレオ（クレヨン画）。

1611年
ガリレオ、ローマの国際的な科学団体、アッカデミア・デイ・リンチェイの会員になる。

1612年
ガリレオの息子ヴィンチェンツィオ、フィレンツェで同居する。

しかし、ニコラウス・コペルニクス（1473～1543）は、そう思わなかった。惑星はみずから回転しつつ、太陽のまわりを円形の道（軌道）に沿って動いていると主張したのだ。実際には、軌道は円ではなく楕円だが、コペルニクスの考えはおしなべて正しい。当時はしかし、笑いとばされた。もし地球がそんなふうに回転しているなら、どうして人間はそれをからだで感じないのか？　カトリック教会は、コペルニクスの『天球の回転について』を発行禁止にした。

1600年、ジョルダーノ・ブルーノというイタリア人が、ローマで火あぶりの刑になった。カトリック教会の裁判所である"異端審問所"の判決だ。ブルーノはキリスト教の教えにそむいたかどで有罪になったが、コペルニクスの支持者でもあった。

だからガリレオが、自分の発言に慎重になったのも、当然といえば当然だろう。とはいえ、ガリレオの発見は、おおやけの論争をまきおこすには十分だった。

人びとの意見は、まっぷたつに分かれた。カトリック教会のなかにも、ガリレオのいうとおりだと考える者もいるにはいた。しかし、そうでない者は哲学者たちと手をむすび、ガリレオを追放しようともくろんだ。

ガリレオも、相手が大学の研究者なら議論するのもいとわなかっただろうが、教会とだけはもめごとを起こしたくなかった。

最初の太陽中心説

コペルニクスよりはるか以前にも、地球は太陽のまわりをまわっていると考えた天文学者はいた。紀元前270年ごろのギリシア人、サモスのアリスタルコスだ。しかし、だれひとり、アリスタルコスを信じようとはしなかった。

これは17世紀の図だが、コペルニクスがとなえたように、太陽が宇宙の中心にある。そして地球をはじめ、当時知られていた惑星がそのまわりをまわっている。

1612年
ガリレオ、太陽の黒点を観測しはじめる。

1613年
ガリレオの娘たち、アルチェトリのサン・マッテーオ修道院に入る。

38　教会の裁き

なんといってもガリレオは、敬虔なキリスト教徒なのだから。ただ、そうはいっても、教会はさまざまな可能性を恐れることなく、正面から見すえるべきだ、とも考えていた。ガリレオはその思いを、かつての教え子で、いまは力強い支援者のひとりであるベネデット・カステッリあての手紙につづった。また、トスカーナ大公コジモ2世の母、クリスティーナ・ディ・ロレーナにもおなじような内容の手紙を送った。

1615年12月、ガリレオは教会の指導者たちを説得しようと、ローマにおもむく。ローマでは、トスカーナ大使館をかねていたメディチ家の別荘"ヴィラ・メディチ"に滞在し、海の潮汐と、そこからみちびかれる地球の動きに関する論文を書きあげた。これなら教会の聖職者たちも、きっと納得してくれるだろう。

ところが、そんな努力もむだに終わった。翌年2月、枢機卿たちは教皇パウルス5世の命令でコペルニクスの説を吟味した結果、その理論はまちがっており、教会の教えにそむいている、と断定したのだ。

教会はガリレオに、コペルニクスの説がさも事実であるかのように広めてはならない、と命じた。

ガリレオは肩をおとしたものの、最悪の事態はさけられた。教会は、ガリレオその人には罪がないとしたからだ。

ガリレオは1616年、コペルニクスの説を流布するべからずと教会から命じられたあとで、教皇パウルス5世（右）に謁見した。教皇はガリレオに、教会はいまもあなたに敬意をいだいている、と伝えた。

1616年
ローマ教皇、コペルニクスの考えはまちがいであり、流布してはならないと宣告。

1617年
ガリレオ、体調をくずし、フィレンツェ郊外のベロスグアルドに家を借りる。

古い考えと新しい考え　**39**

1623年、すい星に関する論争につづいて、ガリレオは『黄金計量者』（左）を出版。この本のなかでガリレオは、科学は実験と証明にもとづくべきだと主張した。

ガリレオはフィレンツェにもどると、体調をくずした。そこで1617年4月、新鮮な空気をもとめて、郊外の丘にあるベロスグアルドに家を借りる。ときにはここから、娘たちがいるアルチェトリの修道院まで散歩したりもした。

1619年、その娘たちの母マリーナ・ガンバがヴェネツィアで亡くなった。ガリレオはマリーナとは正式に結婚していなかったので、大公コジモ2世の力を借りて、12歳になる息子ヴィンチェンツィオを法律的にもわが子とした。

あくる年、ガリレオの母ジュリアが息をひきとる。

ガリレオは、もめごとが起きないように気をつけながら仕事をつづけた。が、1618年、すい星が3つつづけて発見され、これが論争の火ぶたをきった。すい星の軌道に関して、ガリレオはイエズス会の天文学者オラツィオ・グラッシの考えを批判し、グラッシはこれにひどく腹をたてたのだ。こうしてまたひとり、実力者がガリレオの敵になった。

拷問と火あぶり

異端審問所は、教会の教えに反した考えをもつ者を裁判にかけるところだ。"異端"だと宣告されると拷問をうけ、火あぶりの刑に処される。ローマの異端審問所は1542年につくられ、カトリックの教えにさからうプロテスタント運動をおさえようとした。

1618年
すい星が観測され、はげしい論争をまきおこす。

1619年
ガリレオの3人の子を産んだマリーナ・ガンバ、ヴェネツィアで亡くなる。

ガリレオをとりまく友と敵

　ガリレオは長年にわたり論争のただなかにいたが、ガリレオを支持する有力者や友人は多かった。たとえば、トスカーナを治めていたメディチ家は、1610年からガリレオに給料を支払って援助をおしまなかったし、ローマの科学団体（アッカデミア・デイ・リンチェイ）を設立したフェデリコ・チェシも親しい友人だった。また、カトリック教会にも同志はいて、シエーナの大司教アスカニオ・ピッコローミニはガリレオのために力をつくした。

　かたや、科学論争でガリレオに勝てなかった哲学者たちは、教会を味方につけようとした。たとえば、教会で指導的立場にあったロベルト・ベラルミーノ枢機卿は、太陽中心説をけっしてみとめなかった。1616年、ガリレオにコペルニクスの説を捨てよと告げたのはこのベラルミーノだが、1621年には亡くなる。ただ、ほかにもイエズス会の天文学者オラツィオ・グラッシなど、ガリレオを敵視する聖職者は何人もいた。

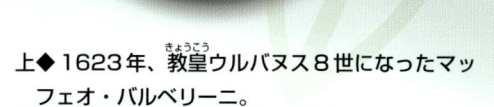

上◆1623年、教皇ウルバヌス8世になったマッフェオ・バルベリーニ。
教皇パウルス5世が1621年に亡くなり、つぎの教皇グレゴリウス15世もわずか2年の在位で亡くなって、バルベリーニがそのあとをついだのだ。ガリレオとは教皇になるまえから親しく、その研究をたたえていたが、さて教皇になってからは、どうしたか？

左◆クリスティーナ・ディ・ロレーナ。トスカーナ大公フェルディナンド1世（メディチ家）の妻で、フェルディナンド2世（右ページ）の祖母。敬虔なカトリック信者で、ときにガリレオをたしなめながらも力を貸した。

右◆1621年2月、コジモ2世が30歳の若さで他界すると、息子のフェルディナンド2世（右）が弱冠10歳でトスカーナ大公になった。新大公は、ガリレオが父のコジモ2世の個人教授をしていたこともあり、ガリレオが亡くなるまで、ずっと親交をたもった。

下◆ガリレオはローマに行くと、メディチ家の別荘"ヴィラ・メディチ"に滞在した。ローマとトスカーナは政権がちがったので、ここは大使館もかねていた。ガリレオを滞在させることで、メディチ家はガリレオとその理論を支持することをおおやけにしめしたのだ。

42 教会の裁き

異端審問

1624年、ガリレオはつぎの本を書きはじめた。タイトルは『天文対話』だ。コペルニクスの理論を、アリストテレスやプトレマイオスの考えと比較するものだった。ただし、コペルニクスの説を事実として語ってはいけない、と教会から命じられていたので、『天文対話』はふたりの人物の会話というかたちにした。

ガリレオには自信があった。教皇ウルバヌス8世はもとより、教会の指導的立場にある人物たちと、本の内容について意見を交換していたからだ。こうして1632年2月、『天文対話』は刊行され、たちまち評判をよんだ。

この本ではあきらかに、コペルニクスの説を支持する者が議論に勝っている。だから教会の一部の人間の目には、いきすぎた内容に見えた。そのひとりが、イエズス会のクリストフ・シャイナーだ。もともとシャイナーはガリレオの名声をねたんで

1633年、異端審問でガリレオの"告白書"が読みあげられているところ。審問は2か月におよび、ガリレオの弱ったからだには大きな負担となった。

1623年
ガリレオの研究をたたえていたマッフェオ・バルベリーニ、教皇になる（ウルバヌス8世）。

1631年
ガリレオ、フィレンツェ近郊のアルチェトリにあるジョイエッロ荘を買う（ジョイエッロは「宝石」の意味）。

ローマへの旅

ガリレオの体調は、馬に乗ってローマまで行ける状態ではなかった。が、メディチ家のはからいで、こし(男たちがかつぐ"かご"のようなもの)が用意された。これで横たわったまま旅することができたものの、でこぼこ道をローマまで行くのに、およそ2週間かかった。

いて、自分のほうがガリレオより先に太陽黒点を発見したといいはってもいた。そこでシャイナーは腹いせに、ガリレオに対する人びとの反感をあおり、よからぬ噂を広めた。

この噂は、ガリレオと親しかった教皇ウルバヌス8世の耳にもとどいた。おりしも教皇は、ヨーロッパにおける権力拡大の大きな問題に直面していた。そのうえ、1618年から北ヨーロッパで始まった三十年戦争で、カトリックとプロテスタントの対立ははげしさを増していた。教皇としては、カトリックの教えに反する考え方にはきびしい態度をとらなくてはいけなかったのだ。そんなさなかに、ガリレオの敵から、『天文対話』は教皇を侮辱しています、あれでは教皇は愚か者にしか見えません、と耳うちされた。ウルバヌス8世が怒ったのは、いうまでもない。

1632年9月、『天文対話』は発禁となった。しかもガリレオは、ローマの異端審問にかけられることになる。ガリレオはいまや老人で、からだの具合も悪かったから、医者たちはローマへの旅などとうていむりだといった。しかし、教会はがんとしてゆずらない。

1633年1月20日、ガリレオはローマで裁判をうけるため、アルチェトリから旅だった。

「教皇は、いたわしいガリレイ氏に、これ以上ないと思えるほどお怒りでした……」
——トスカーナ大使フランチェスコ・ニッコリーニ、1632年——

1632年
ガリレオ、『天文対話』を出版。

1632年
ガリレオ、ローマの異端審問によびだされるが、旅ができないほど弱っていた。

44 教会の裁き

具合が悪いうえ、長旅で疲れきったガリレオは、ローマのヴィラ・メディチに滞在した。異端審問はようやく4月12日に始まり、6月22日までつづく。

審問官は、ガリレオがきちんとした手順をへて本を出版しなかったことを証明しようとし、ガリレオは反論した。たしかに見本はローマに送っていないが、それはローマでペストが流行し、町に出入りできなかったからだ。

審問官はまた、コペルニクスの説を流布するべからずという禁止令（1616年）をやぶったことでもガリレオを追及した。ガリレオはしかし、やぶったつもりなどなかった。『天文対話』では、コペルニクスを支持する者としない者、両者の意見を公平に記したからだ。

最後の取り調べは6月21日におこなわれた。出された判決は、地球が太陽を中心にまわっているという考えを広めたかどで有罪である、というものだった。審問官のうち数人は判決に同意せず、署名をこばんだ。

サンタ・マリア・ソプラ・ミネルヴァ教会（ローマ）。ここでガリレオの裁判がおこなわれ、ガリレオはコペルニクスの説を信じないという誓いをたてた。

1633年4月
ガリレオの異端審問、ローマで始まる。

1633年6月
ガリレオに"異端"の判決がくだる。

異端審問　45

> 「わたしは異端の疑いが濃い、とみなされた。
> 世界の中心で不動なのは太陽であり、
> 地球は中心でも不動でもないと信じているからだ」
> ——トスカーナ大使フランチェスコ・ニッコリーニの報告によるガリレオの言葉、1632年——

　6月22日、白いローブに身をつつんだガリレオは審問官のまえにひざまずき、今後は考えをあらためると宣誓した。伝えられるところによれば、ガリレオは立ち上がったとき、こうつぶやいたという——「それでも地球は動いている」。審問の場で、こんな発言をするのはあまりに危険だろう。しかし心のなかでは、そうさけんだにちがいない。

　ガリレオは禁固刑をいいわたされたが、支援者たちの嘆願で、ヴィラ・メディチにもどることができた。その後は、シエーナの大司教邸に移ることをゆるされる。大司教はガリレオの長年の友人、アスカニオ・ピッコローミニだ。軟禁状態のもと、ガリレオは親身に世話され、5か月をそこで過ごした。

『天文対話』のタイトルページ。発禁になったあとは北ヨーロッパへわたり、オランダで出版された（本文はラテン語）。

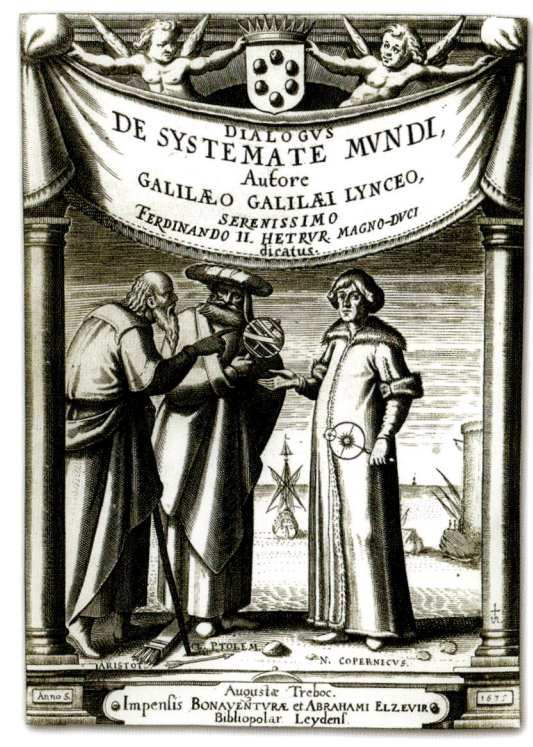

1633年6月
ガリレオ、シエーナの大司教邸で軟禁。

1633年8月
ガリレオの『天文対話』、北ヨーロッパへわたる。

幽閉とその後

4

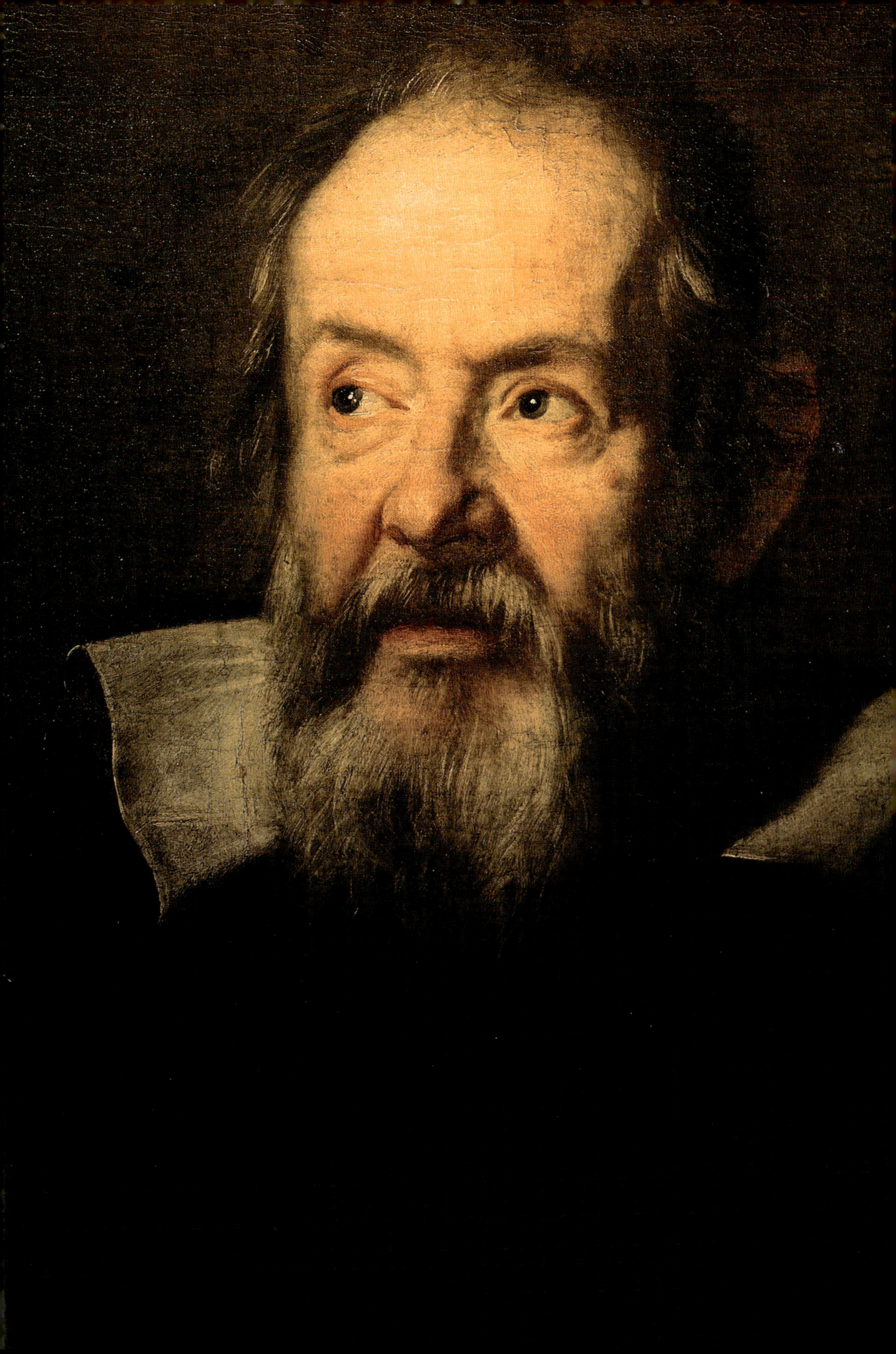

48　幽閉とその後

自宅監禁

　異端審問のあと、ガリレオはうちしずみ、いっそう病弱になった。友人のシエーナの大司教ピッコローミニは、ガリレオが元気をとりもどすには、活発な議論と研究がいちばんの薬になると考えた。そしてある程度は、大司教の考えどおりになった。ガリレオはふたたび研究にうちこんだのだ。ただし、体調はすぐれないままだった。

　トスカーナ大使のフランチェスコ・ニッコリーニをはじめ、友人たちはガリレオに自由をあたえてほしい、せめて家に帰らせてほしいと教会に嘆願した。いっぽう、ガリレオを嫌う者たちは、そんな友人たちにも異端の疑いがある、シエーナの大司教でさえそうだと、噂をまきちらした。

　とはいえ1633年12月、ガリレオはなんとか自宅に帰ることをゆるされる。自宅とは、アルチェトリのジョイエッロ荘だ（イタリア語で「宝石」の意味）。

右◆ガリレオが晩年を過ごしたジョイエッロ荘（フィレンツェ近郊アルチェトリ）。

前ページ◆晩年のガリレオ。この6年後にアルチェトリで亡くなる。

1633年12月
ガリレオ、アルチェトリの自宅に帰ることをゆるされる（自宅監禁）。

1634年4月
ガリレオの長女、修道女マリア・チェレステが亡くなり、ガリレオは悲しみにうちひしがれる。

ガリレオは、老いてなお才知するどく、科学の理論は助手（左）がノートに書きとめた。

ただし、自宅監禁であることに変わりはない。アルチェトリをはなれたり、客をむかえいれたり、個人教授や本を出版することも禁止されている。それでもトスカーナ大公フェルディナンド2世は、ジョイエッロ荘に立ちよってくれた。

ガリレオの悲運はつづいた。1634年4月のはじめ、長女のマリア・チェレステが33歳の若さでこの世を去ったのだ。ガリレオは、涙にくれた。かしこくて、かわいい娘は、何年ものあいだ父に手紙を送りつづけ、ささやかな贈り物をし、父のために祈ってくれた。そして父も手紙を書きおくり、娘や、娘がいる修道院の力になろうとした。

親類がアルチェトリでしばらく過ごしたものの、ガリレオは悲しみをかかえたまま、ひとりになった。過去とおなじく、ガリレオは科学になぐさめをもとめた。

> 「……はかりしれない悲しみと鬱、
> ものを食べる気にもなれず……
> いまのわたしにはペンをもつ気力がなく、茫然として、
> 友人たちの手紙に返事を書くことすらままならない」
> ——娘の死後、フィレンツェの友人にあてたガリレオの手紙、1634年——

1634年8月
ガリレオ、数学者たちとの交流を再開。

1634年秋
ガリレオ、最後の著書の準備を再開。

ガリレオの宇宙といまの宇宙

　ガリレオが夜空を観察して知ったことと、いまのわたしたちが知っていることは、どれくらいちがうだろうか？　ガリレオは、惑星にはそれぞれの世界があり、地球もふくめ、太陽を中心にまわっていると確信した。惑星といっても、ガリレオが知っていたのは水星、金星、火星、木星、土星だけだが、ほかにもあるはずだと信じてはいた。そして天王星が1781年、海王星が1846年に発見される（冥王星は1930年）。しかしガリレオは、遠くで光る星がわたしたちの太陽とおなじ恒星であること、なかには惑星をもつものがあることを知らなかった。現在では、太陽も時速80万キロ以上で宇宙をまわっていることがわかっている。宇宙で不動のものなど、ひとつだにないのだ。

右◆1989年に打ちあげられた木星探査機は、ガリレオ・ガリレイにちなんで「ガリレオ」と名づけられた。1995年12月、切りはなされたプローブが、ついに木星大気に突入する。

上◆ガリレオは自作の望遠鏡で、木星に4つの衛星を発見した(「ガリレオ衛星」とよばれる)。イオはそのひとつで、この写真は1996年に探査機「ガリレオ」が撮影。赤やオレンジ、黄色など、あざやかな色は硫黄がつくりだし、火山の噴火跡がいくつもある。

右◆ガリレオが土星の近くに発見したふしぎなものは、いまでは美しい環がいくつも重なったものだとわかっている。環は、無数の氷や岩石粒子の集合だ。

新しい科学の対話

ガリレオは異端審問のあと、シエーナで過ごした何か月かのあいだに、最後の大きな計画をたてた。若いころ、ピサ大学やパドヴァ大学で実験した、物体の運動に関する研究だ。ガリレオは、新しい本を書こうと決心する。

揺れるランプ

ガリレオは、かつてピサの大聖堂で、揺れるランプを見たときのことを覚えていた。ランプは前後に、おなじ時間をかけて揺れていたが、ランプをつるした棒（振り子）の長さに関係なく、往復にかかる時間はほとんどおなじであることに気づいたのだ。そこで晩年、この発見から振り子時計を設計し、息子のヴィンチェンツィオが図面をかいた。しかし、振り子時計が完成したとき、ガリレオはすでにこの世を去っていた。

ガリレオが若いころにおこなった実験は、物体が斜面をころがって速度を増すようすや、力のつりあい、強度などに関するものだったが、大学の研究者からは見向きもされなかった。今回、ガリレオは新しい本で、構造についても論じようと考えた。タイトルはとても長く、『動いているものといないものの力の働きに関するふたつの新しい科学についての対話および数学的証明』だ（日本語では『新科学対話』と訳されることが多い）。

ただし、この計画にはひとつ大きな問題があった。ガリレオは自宅監禁の状態で、新しい本の出版も禁止されていたのだ。ガリレオの支援者たちは、なんとか禁止令をといてもらおうと奔走した。しかし結局は、オランダのライデンでこっそり出版することになる。オランダは異端審問の手がとどかない、プロテスタントの国だった。

1636年
ルイ・エルゼヴィア、ガリレオの著書の出版に同意する（オランダのライデン）。

1637年
ガリレオ、視力が弱るなか、月を観察する。

新しい科学の対話

　ガリレオはきびしく監視されていたから、原稿は何回かに分けて、ひそかにアルチェトリから北の国へ、オランダの出版者ルイ・エルゼヴィアのもとへ運ばれた。

　こうして1638年、新しい本は出版され、しかも歴史に残る名著として高く評価された。ガリレオが異端審問の判決どおり自宅にこもっていなければ、この名著は誕生しなかったかもしれない。

　いっぽうで、この年の春、ガリレオの視力と健康はみるみる悪化した。フィレンツェの医者にかかりたいと、教会に外出許可をもとめたものの、願いはうけいれられなかった。

下は1630年代の印刷風景。15世紀以降、本は1文字ずつ手で書きうつさなくても、短い時間で大量に印刷できるようになった。その結果、本は人びとの手にとどきやすくなり、ガリレオの理論をはじめ、さまざまな考えが広まるのをくい止めるのはむずかしくなった。

1638年3月
キリスト教会、ガリレオがフィレンツェの医者にかかるのを許可せず。

1638年6月
ガリレオの著書『新科学対話』が出版される。

54　幽閉とその後

消えゆく光

ガリレオは長年、視力に悩まされた。望遠鏡で太陽を直接見たのが原因なのかもしれない。緑内障をわずらい、白内障にもなって、ものをはっきりと見ることができなくなった。1638年、ガリレオは完全に失明する。

史上だれよりも宇宙の遠くを見つめてきた男が失明するのは、ことのほかつらい——と、ガリレオはいったという。

1638年からは、ヴィンチェンツィオ・ヴィヴィアーニという新しい助手がついて、ノートをとったり、手紙を読んだり、ガリレオのためにさまざまなことをこなした。

トスカーナ大公の紹介でやってきたヴィヴィアーニはとても知的な若者で、ガリレオを心から尊敬もしていた。

たしかにガリレオは、カトリック教会の怒りをかった。しかし、自宅に軟禁されることで、かえって著作は広く読まれるようになり、いまやその名はヨーロッパじゅうに知れわたっていた。

ヴィンチェンツィオ・ヴィヴィアーニは、わずか17歳でガリレオの秘書役をつとめた。非常に聡明かつ勤勉で、申し分のない助手であるばかりか、生涯、ガリレオを敬愛してやまなかった。

1638年
ガリレオ、完全に失明する。

1638年
ヴィンチェンツィオ・ヴィヴィアーニ、アルチェトリでガリレオの助手になる。

消えゆく光　55

ガリレオをたたえたイギリスの詩人ジョン・ミルトン。ミルトン自身、1652年に失明した。そのとき彼の心には、イタリアでのガリレオとのひとときがよみがえったにちがいない。

　ガリレオは来客も禁じられていたが、実際には名だたる人物が何人もジョイエッロ荘をおとずれた。
　たとえば1634年には、『天文対話』を読んだイギリスの哲学者トマス・ホッブスがたずねてきたし、1639年には、当時のイギリスで最高の詩人とうたわれたジョン・ミルトンもジョイエッロ荘でガリレオと語りあった。ミルトンはその代表作『失楽園』で、ガリレオと望遠鏡に触れている。
　イタリアのすぐれた科学者エヴァンジェリスタ・トリチェリは、ガリレオが亡くなるまえの数か月間、ジョイエッロ荘でともに暮らし、老いた師が語る数学をノートにとった。のちにトリチェリは、水銀を使った気圧計を発明したが、これは現代でも使われる揚水ポンプの原理となった。またトリチェリは、望遠鏡と顕微鏡も改良した。

エヴァンジェリスタ・トリチェリは、ガリレオのあとをついで、トスカーナ大公つきの首席数学者になった。

1639年
イギリスの詩人ジョン・ミルトン、ジョイエッロ荘をおとずれる。

1641年10月
科学者エヴァンジェリスタ・トリチェリ、ジョイエッロ荘に移り住む。

56　幽閉とその後

　1641年11月、ガリレオは高熱をだし、12月には寝たきりになった。そして年があけた1月8日、ついに帰らぬ人となる（享年77歳）。

　最期をみとったのは、息子のヴィンチェンツィオ・ガリレイ、助手のヴィンチェンツィオ・ヴィヴィアーニ、そしてエヴァンジェリスタ・トリチェリの3人だった。

　大公フェルディナンド2世は、フィレンツェのサンタ・クローチェ教会に美しい墓所をつくり、ガリレオを、その父ヴィンチェンツィオが眠る墓のとなりに埋葬しようとした。しかし、教皇の許可がおりず、ガリレオの亡骸はサンタ・クローチェ教会の礼拝堂にある小部屋にほうむられた。

　その後、ガリレオの長男ヴィンチェンツィオは1649年に、次女の修道女

ガリレオの大理石の墓碑。望遠鏡をもつガリレオの左右には、天文学と幾何学を象徴する女神がいる。

1642年1月8日
ガリレオ・ガリレイ、亡くなる。フィレンツェのサンタ・クローチェ教会の小部屋に埋葬。

1649年
ガリレオの息子ヴィンチェンツィオ・ガリレイ、亡くなる。

> 「本日、ガリレイ氏が亡くなったという知らせが入りました。
> フィレンツェはもとより、全世界が、
> この時代すべてが、心を動かされることでしょう……」
> ──フランチェスコ・バルベリーニ枢機卿つきの首席司書ルーカス・ホルステ、1642年──

アルカンジェラはその10年後に亡くなった。

ガリレオの助手ヴィヴィアーニは才能をみとめられ、1647年、トリチェリの後任として宮廷つきの数学者になる。ヴィヴィアーニはガリレオへの恩義を忘れず、師の原稿を集めて著作集をつくるなど、偉大な科学者がおおやけにみとめられるよう力をつくした。1703年に亡くなると、ヴィヴィアーニの棺はガリレオのとなりに埋葬された。

ガリレオをたたえる美しい墓碑がつくられたのは、1737年になってからである。場所はサンタ・クローチェ教会の中心部で、棺はあらためて埋葬され、ガリレオは現在もそこで眠っている。

カトリック教会が『天文対話』の発禁をといたのは、1835年のことだ。1892年にはピサ大学が、約300年まえに取得できなかった学位をガリレオに授与する。

1992年、13年にもおよぶ科学と信仰の議論のすえ、教皇ヨハネ・パウロ2世は公式に、ガリレオの異端審問には誤りがあったことをみとめた。

謎の棺

1737年、ガリレオの棺が移されるとき、その下にもうひとつ、名前のない棺が見つかった。これはおそらく修道女マリア・チェレステ──ガリレオの長女ヴィルジニアのものだと考えられている。謎の棺もまた、ガリレオの美しい墓碑のもとに安置された。

1659年
ガリレオの次女リヴィア（修道女アルカンジェラ）、亡くなる。

1737年
ガリレオをたたえる墓碑がサンタ・クローチェ教会につくられる。

58　幽閉とその後

ガリレオ以後

ガリレオの死後、その理論の正しさはつぎつぎ証明されていった。1657年になるころには、オランダの科学者クリスティアン・ホイヘンスも土星の環を観測し、振り子時計を完成させた。1687年には、イギリスの科学者アイザック・ニュートンが運動の法則と万有引力の法則を発表。惑星はこの万有引力の作用によって、太陽のまわりをまわっているのだ。

アイザック・ニュートンは、ガリレオが亡くなった1642年に生まれた。天才的な数学者、科学者であり、ガリレオとおなじように物体の運動を研究し、望遠鏡をつくった。

イギリスのエドモンド・ハリーは1695年ごろから、すい星が太陽のまわりをどのようにまわっているかを研究し、1729年には、イギリスのジェイムズ・ブラッドリーが光の速度を計算した。こういった研究によって、コペルニクスがとなえたように、地球が宇宙を動いているのは否定しようがなくなった。

また、ドイツの哲学者イマヌエル・カントは1755年、天の川は星が集まったものであると発表。1851年にはフランスの科学者ジャン・ベルナール・レオン・フーコーの実験によって、地球が自転していることがしめされた。

ガリレオ同様、アルバート・アインシュタイン（1879〜1955）も宇宙のさまざまな姿をわたしたちに教えてくれた。科学者は権力に屈してはならない、というのがアインシュタインの考えだった。

1835年
ガリレオの『天文対話』、カトリック教会の禁書目録から除外される。

1892年
ピサ大学、ガリレオに学位を授与する。

ガリレオ以後　59

望遠鏡はガリレオの時代から長い年月をへてきた。右はハッブル宇宙望遠鏡（1999年）。秒速約8キロで地球を周回しながら、はるか遠くの宇宙の姿をとらえる。

　ガリレオ・ガリレイは、近代の科学、数学、医学、天文学が芽ぶく、躍動する時代を生きた。そして科学を、思いこみや迷信と切りはなそうとし、気がつけば目のまえに権力が立ちはだかっていた。

　しかし、権力が強引にガリレオの口を封じようとした結果、ガリレオの研究はより広く、人びとに知られるようになった。

　では、1633年の宗教裁判で、ガリレオは自分の信念を捨てることに同意してよかったのだろうか？　投獄や死を恐れず、断固として信念をつらぬくべきだったのではないか？

　答えは、人それぞれちがうことだろう。しかし、幽閉されてもなお、ガリレオは休まず研究をつづけた。

　そして、いつの世もそうであるように――真実は明らかになった。

ハッブル宇宙望遠鏡がとらえた、わし星雲のなかで生まれる新しい星。宇宙を知りたいというガリレオの思いは、現代までひきつがれている。

1969年
ニール・アームストロング、月面に人類初の一歩を記す。

1992年
教皇ヨハネ・パウロ2世、ガリレオ裁判には誤りがあったとみとめる。

用語解説

圧力 単位面積あたりに働く力の大きさ。水圧は水が、気圧は気体が物体にあたえる圧力のこと。

天の川 地球から見たとき、夜空に川のように見える銀河。「天の川銀河」または「銀河系」ともいう。

イエズス会 1534年にイグナティウス・デ・ロヨラたちがつくった男子修道会。教皇への絶対的な忠誠を誓い、海外布教にもつとめた。1549年、日本に来たフランシスコ・ザビエルは、イエズス会の創設者のひとり。イエズス会に所属する修道士のことをイエズス会士ともいう。

硫黄 水には溶けない黄褐色の非金属元素。化合物は強い悪臭をはなつ。元素記号はS。

異端 キリスト教において、正統的な教えと異なる考えをもつこと。

異端審問 中世以降、カトリック教会が異端を排除、根絶するためにおこなった裁判。その後、プロテスタントでもおこなわれた。

衛星 惑星の周囲を公転する、比較的小さな天体。月は地球の衛星。

カトリック（教会） ローマ教皇を首長とするキリスト教の最大教派。または、その信者。ローマ・カトリック教会、旧教ともいう。

軌道 天体が、より大きな天体のまわりをまわる道すじ。

教皇 カトリック教会の首長。現在はヴァチカン市国の元首で、枢機卿により選ばれる。

銀河 万有引力の作用によってまとまる、数多くの恒星と星間物質からなる天体。

恒星 太陽のように、みずから光や熱を発する天体。

コペルニクス、ニコラウス ポーランドの天文学者（1473〜1543）。16世紀はじめに地動説（太陽中心説）を発表し、『天球の回転について』（1543）を出版した。

三十年戦争 ヨーロッパで、1618〜48年の30年にわたってつづいた戦争。始まりはドイツの内戦だったが、その後デンマークやスウェーデン、フランスなども介入して、国境をこえた戦争となった。

用語解説

修道院 決められた規則のもとで、修道士または修道女が共同生活をおくるキリスト教の施設。

水銀 常温でゆいいつ液体である金属元素。銀色で、元素記号 Hg。

すい星 おもに氷と塵からできた天体で、太陽のまわりをまわる。太陽に近づくと、ガスや塵からなる"尾"ができる。

枢機卿 教皇の顧問をつとめる高位の聖職者。教皇が任命する。「すうきけい」とも。

太陽黒点 太陽の表面にあらわれる黒い斑点。周囲より温度が低い。

地動説 太陽中心説。地球は不動ではなく、太陽を中心にまわっているという考え方。

潮汐 海における潮の満ち引き。月と太陽の引力により生じる。

天動説 宇宙の中心は地球で、地球は不動であり、太陽をはじめとするほかの星が地球のまわりをまわっているという考え方。古代ギリシア以降、コペルニクスの登場まで信じられつづけた。

天文学 恒星や惑星などの天体や、宇宙の現象について観測、研究する学問。

軟禁／幽閉 決められた場所のなかでは自由だが、外部との接触は禁止された状態。

万有引力／重力 質量をもつ物体のあいだに働く力。物体を地球の中心に向かって引っぱり、惑星を軌道にとどめる。

プトレマイオス 2世紀前半にアレキサンドリアで活躍した天文学者、数学者。その著『アルマゲスト』で天動説を述べた。

プロテスタント カトリック教会は堕落したと考えて、16世紀から宗教改革を起こした人びと。ルター派やカルヴァン派などをまとめてこうよぶときもある（「新教」とも）。

ペスト（黒死病） ペスト菌が原因の伝染病で、中世のヨーロッパではくりかえし流行した。

メディチ 15〜18世紀、フィレンツェを中心に栄えた財閥で、政治的な権力ももった。レオナルド・ダ・ヴィンチやミケランジェロなど、ルネサンス期の芸術家のパトロンとしても有名。

リュート 中世からヨーロッパに普及した弦楽器の一種。

惑星 恒星の周囲をまわる天体。地球も惑星のひとつ。

参考文献

Galileo: A Short Introduction, Drake, Stillman, published by Oxford University Press, 1996

Galileo Galilei: Inventor, Astronomer and Rebel, White, Michael, published by Blackbirch Press Inc., 1999 (originally published by Exley, 1991)

Galileo's Daughter: A Drama of Science, Faith and Love, Sobel, Dava, published by Fourth Estate, 1999

スティルマン・ドレイク『ガリレオの生涯』（1〜3）田中一郎訳、共立出版、1985年

青木靖三編『ガリレオ』（世界の思想家6）、平凡社、1981年

デーヴァ・ソベル『ガリレオの娘』田中勝彦訳、DHC、2002年

◆引用文の出典

p.23　*The Assayer*, 1623, translated by Dava Sobel in *Galileo's Daughter*

p.33　Noel M. Swerdlow, 'Galileo's Discoveries with the Telescope and their Evidence for the Copernican Theory', in *The Cambridge Companion to Galileo*, ed. Peter Machamer, Cambridge University Press, 1998

p.43　Report by Ambassador Francesco Niccolini of Tuscany, 1632

p.45　Report by Ambassador Francesco Niccolini of Tuscany, 1632

p.49　A letter from Galileo to a friend in Florence, 1634

p.57　Lucas Holste, Librarian to Cardinal Francesco Barberini, 1642

◆関連ウェブサイト

galileo.rice.edu

www-gap.dcs.st-and.ac.uk/~history/Mathematicians/Galileo.html

www.law.umkc.edu/faculty/projects/ftrials/galileo/galileo.html

索引

◎あ
アームストロング、ニール…59
アイスクリーム…17
アインシュタイン、アルバート…58
アッカデミア・デイ・リンチェイ…33, 36, 40
天の川…32, 58
アリストテレス…26, 36, 42
アルカンジェラ…31, 57　⇨リヴィア（ガリレオの次女）
アルチェトリ…31, 37, 39, 42, 43, 48, 49, 54
アルノ川…9, 10, 25
アンドレア・ディ・ピエトロ…19
イエズス会…24, 25, 39, 42
イオ…51
異端審問／異端審問所…37, 39, 42, 43, 44, 48, 52, 53, 57
印刷機…53
ヴァロンブローサ…12, 13

ヴィヴィアーニ、ヴィンチェンツィオ…54, 56, 57
ヴィニャーリ通り…30
ヴィラ・メディチ…38, 41, 44, 45
ヴィルジニア（ガリレオの長女）…30, 31, 57　⇨マリア・チェレステ
ヴィンチェンツィオ（ガリレオの長男）…30, 31, 33, 39, 56
ヴェッキオ宮殿…16
ヴェネツィアン・ガラス…31
ウルバヌス8世…40, 42, 43
運動の法則…58
衛星（木星）…32, 33, 51
エル・グレコ…16
エルゼヴィア、ルイ…52, 53
『黄金計量者』…39
オペラ…11
◎か
海王星…50

拡大鏡…28
カステッリ、ベネデット…38
火星…50
片メガネ…28
ガリレイ、ヴィルジニア（妹）…11
ガリレイ、ヴィンチェンツィオ（父）…8, 9, 10, 23, 25, 26, 56
ガリレイ、ジュリア（母）…9, 12, 31, 39　⇨デリ・アマナーティ、ジュリア
ガリレイ、ミケランジェロ（弟）…9, 12, 31
ガリレイ、リヴィア（妹）…16
ガリレオ（木星探査機）…50, 51
ガリレオ衛星…51
ガリレオの子どもたち　⇨ヴィルジニア、リヴィア、ヴィンチェンツィオ
カント、イマヌエル…58
ガンバ、マリーナ…30, 31, 39

索引

気圧計…55
幾何学・軍事用コンパス…27
金星…33, 50
クラヴィウス、クリストファー…25
グラッシ、オラツィオ…39, 40
クリスティーナ・ディ・ロレーナ…40
グレゴリウス13世…22
グレゴリウス15世…40
グレゴリオ暦…22
ケプラー、ヨハネス…27
顕微鏡…55
黒点　⇨太陽の黒点
コジモ1世…10, 15
コジモ2世…15, 31, 32, 39, 41
コペルニクス…8, 27, 33, 36, 37, 38, 40, 42, 44, 58
コレージョ・ロマーノ…24
コンテンディトーレ…23

◎さ
サモスのアリスタルコス…37
サン・マッテーオ修道院…31, 37
三十年戦争…43
サンタ・クローチェ教会…25, 56, 57
サンタ・マリア・ソプラ・ミネルヴァ教会…44
サンタ・マリア・デル・フィオーレ大聖堂…12, 16
シェイクスピア、ウィリアム…9
『失楽園』…55
シャイナー、クリストフ…42, 43
ジョイエッロ荘…42, 48, 49, 55
『新科学対話』…52, 53
水星…50
すい星…39
スワードロー、ノエル・M.…33
『星界の報告』…32

◎た
太陽の黒点…33, 37, 43
太陽中心説…8, 40　⇨コペルニクス、ニコラウス
チェシ、フェデリコ…40
地動説…27　⇨太陽中心説
月…32, 33
ティコ・ブラーエ…12, 27
ティツィアーノ…13
テダルディ、ムツィオ…11
デリ・アマナーティ、ジュリア…8, 9, 30
デル・モンテ、グイードバルド…24
天王星…50
『天球の回転について』…37
『天文対話』…42, 43, 44, 45, 55, 57, 58
ドゥオーモ…12　⇨サンタ・マリア・デル・フィオーレ大聖堂
トスカーナ大公…10, 15, 31, 32, 40, 41, 49, 54, 55
土星／土星の環…32, 50, 51
トマト…19
トリチェリ、エヴァンジェリスタ…55, 56, 57

◎な〜は
『偽金鑑識官』　⇨『黄金計量者』
ニッコリーニ、フランチェスコ…43, 48
ニュートン、アイザック…58
ハーヴェー、ウィリアム…17
パウルス5世…38, 40
ハッブル宇宙望遠鏡…59
パドヴァ大学…26, 27, 52
パラディオ…19
ハリー、エドモンド…58
バルトルッツィ、ジョヴァンニ…31
バルベリーニ、フランチェスコ…57
バルベリーニ、マッフェオ…40, 42　⇨ウルバヌス8世
万有引力…58
火あぶり…37, 39
ピサの斜塔…11, 26
ピサ大学…22, 26, 32, 52, 57, 58
ピッコローミニ、アスカニオ…40, 45, 48
比例コンパス…27
フィレンツェ公…10, 15
フーコー、ジャン・ベルナール・レオン…58

フェルディナンド1世…15, 40
フェルディナンド2世…40, 41, 49, 56
ブオナイウティ、ガリレオ…8, 9, 19
プトレマイオス…36, 42
ブラッドリー、ジェイムズ…58
振り子／振り子時計…52, 58
ブルーノ、ジョルダーノ…37
プロテスタント…39, 52
ペスト…19, 31, 44
ベラルミーノ、ロベルト…40
ペルスピチッルム…28
ベロスグアルド…38, 39
ホイヘンス、クリスティアン…58
望遠鏡…28, 29, 31, 32, 51, 54, 55, 58
ホッブス、トマス…55
ボローニャ大学…24, 25
ポンテ・コルヴォ…30

◎ま
マリア・チェレステ…30, 31, 48, 49, 57　⇨ヴィルジニア
ミルトン、ジョン…55
ムラーノ島…31
冥王星…50
メディチ…10, 18, 32, 40, 41
メディチ星…32
モーラ…17
木星…50
木星探査機「ガリレオ」…50, 51

◎や〜わ
揚水ポンプ…55
ヨハネ・パウロ2世…57, 59
ライデン…52
リヴィア（ガリレオの次女）…30, 31, 57　⇨アルカンジェラ
リッチ、オスティリオ…23
リュート…10
レンズ…28
リンチェイ学士院　⇨アッカデミア・デイ・リンチェイ
ローマ学院　⇨コレージョ・ロマーノ…24
わし星雲…59

フィリップ・スティール Philip Steele
文化や民族、自然界などに関する著述家、編集者。ガリレオ、マリー・キュリー、ジェシー・オーウェンズ、ローザ・パークスの伝記を執筆。イギリスのノース・ウェールズ在住。主な著書に『イギリス史百科 Encyclopedia of British History』『時を超える町 A City Through Time』他。

翻訳◎赤尾秀子（あかお ひでこ）
津田塾大学数学科卒。翻訳家。主な訳書に、J.グドール『アフリカの森の日々』『リッキーとアンリ』（以上、BL出版）、J.マクラウド『世界を変えた発明』（ランダムハウス講談社）他。

協力◎オーウェン・ギンガリッチ Owen Gingerch
ハーヴァード・スミソニアン天体物理学センターの研究教授（天文学・科学史）。2000年、アメリカ天文学会のドゲット賞受賞。アメリカ芸術科学アカデミー、アメリカ哲学学会、国際科学史アカデミー会員。著書は数多く、〈オックスフォード 科学の肖像 Oxford Portraits in Science〉シリーズでは編集代表（『ガリレオ・ガリレイ』『コペルニクス』『アインシュタイン』『ウィリアム・ハーヴィー』他）。

謝辞・クレジット

Sources: AA = The Art Archive, BAL = The Bridgeman Art Library.

B = bottom, T = top.

Front cover BAL/Alinari/Biblioteca Marucelliana, Florence; **1** Scala, Florence/Museo della Scienza, Florence; **3** AA/Dagli Orti; **4T** AA/Dagli Orti; **4B** Scala/HIP/British Library, London; **5T** BAL/Alinari/Biblioteca Marucelliana, Florence; **5B** AA/Dagli Orti; **7** AA/Dagli Orti; **8** Scala, Florence/San Ranierino; **9** akg-images/Erich Lessing; **10** Scala, Florence/Museo Civico, Treviso; **11** Scala, Florence/Palazzo Vecchio, Florence; **12** Scala, Florence; **13** Scala, Florence/Villa Pazzi, Prato; **15T** Scala, Florence/State Archives, Siena; **15B** BAL/Galleria degli Uffizi, Florence; **16** AA/Dagli Orti; **17** AA/Dagli Orti; **18** Scala, Florence/Galleria Palatina, Florence; **19** Scala, Florence/Galleria Colonna, Rome; **21** Scala/HIP/British Library, London; **22** akg-images/Rabatti-Domingie; **24** Corbis/© Archivo Iconografico, S.A.; **25** Scala, Florence/Museo Civico, Bologna; **26** BAL/Bargello, Florence; **27** Science Photo Library; **28** Scala, Florence/Museo della Scienza, Florence; **28–29**, **29T** akg-images; **29B** Scala, Florence/Tribuna di Galileo, Florence; **30** BAL/Alinari/Torre del Gallo, Florence; **31** AA/Dagli Orti; **32** Scala/HIP/National Museum of Science and Industry, London; **33** Scala, Florence/Biblioteca Nazionale, Florence; **35** BAL/Alinari/Biblioteca Marucelliana, Florence; **36** AA/Dagli Orti; **37** Corbis/© Bettmann; **38** Scala, Florence/Private Coll., Lucca; **39** Scala/HIP/National Museum of Science and Industry, London; **40T** Scala, Florence/Private Coll., Florence; **40B** akg-images/Rabatti-Domingie; **41T** BAL/Museo degli Argenti, Palazzo Pitti, Florence; **41B** Scala, Florence; **42** BAL/Private Collection; **44** Scala, Florence; **45** BAL/Bibliotheque Nationale, Paris; **47** AA/Dagli Orti; **48** Scala, Florence/Museo di Firenze com'era, Florence; **49** AA/Dagli Orti; **50** Science Photo Library/US Naval Observatory; **51T** Science Photo Library/NASA; **51B** Science Photo Library/NASA; **53** akg-images; **54** BAL/Alinari/Galleria degli Uffizi, Florence; **55T** Getty Images/Hulton Archive; **55B** Scala, Florence/Galleria degli Uffizi, Florence; **56** BAL/Santa Croce, Florence; **58T** Scala, Florence/Galleria degli Uffizi, Florence; **58B** Corbis/© Bettmann; **59T** Science Photo Library/NASA; **59B** Science Photo Library/Space Telescope Science Institute/NASA.